ÉLECTIONS MUNICIPALES DE 1892

RAPPORT DU MAIRE

PHILIPPEVILLE

Imprimerie Administrative et Commerciale Henri FINAT

1892

COMMUNE DE PHILIPPEVILLE

Compte Administratif de 1891

RAPPORT DU MAIRE

MESSIEURS ET CHERS COLLÈGUES,

J'ai l'honneur de soumettre ci-après à votre examen le Compte d'Administration de l'exercice 1891, mais avant, puisque nos pouvoirs sont sur le point d'expirer, il me paraît être de notre devoir commun de rendre compte des actes de la Municipalité dont vous m'avez confié la présidence, et de résumer ses travaux durant ses quatre années de gestion de 1888 à 1892.

Pour plus de clarté, je classerai ces actes et travaux de la manière suivante :

1º Situation financière de la Commune ;

2· Travaux communaux ;

3· Participation aux travaux et aux questions d'intérêt général devant contribuer à la prospérité de Philippeville ;

4· Mesures diverses d'intérêt local ;

5· Vœux.

I. — Situation financière

Le rapport de votre Commission des finances sur l'exercice 1887, rapport que vous avez approuvé par délibération du 19 octobre 1888, a signalé dans quel état d'irrégularités et de désordre se trouvaient la comptabilité et les finances communales, lors de l'avènement de la Municipalité actuelle, et le déficit de 100,000 fr. au moins du budget.

Cette situation était telle qu'à plusieurs reprises, le Maire ou le premier adjoint ont dû faire l'avance personnelle des fonds nécessaires au paiement en fin de mois des employés et ouvriers communaux, la caisse municipale étant absolument vide.

Dans de semblables conditions, le premier devoir pour la Municipalité était d'apurer le passé et rétablir l'équilibre budgétaire avant de pouvoir songer à l'exécution des travaux dont elle reconnaissait la nécessité aussi bien pour la prospérité de Philippeville que pour subvenir à la classe ouvrière.

D'ailleurs M. le Préfet du département, qui avait certainement constaté entr'autres les irrégularités et les abus de la précédente Municipalité, avait, au lendemain même des élections du 6 Mai 1888, adressé aux Sous-Préfets et Maires, le 10 du même mois, une circulaire, publiée au n° 6 du 12 Mai 1888 des Actes de la Préfecture, par laquelle il relève la situation faite à certaines communes par les précédentes Municipalités, proteste contre l'état de déficit de leurs budgets et prescrit les mesures les plus rigoureuses pour ramener et assurer l'équilibre budgétaire. Par lettre du 31 juillet 1889, n° 9707, M. le Préfet a particulièrement rappelé cette circulaire à la Municipalité de Philippeville, en appelant l'attention du Maire sur la nécessité de liquider le passif de la Commune, et d'assurer le fonctionnement *normal* des services communaux.

Vous vous êtes loyalement mis à l'œuvre pour l'accomplissement de cette ingrate liquidation, avec la certitude que le public, nécessairement peu initié aux questions budgétaires, ne vous en tiendrait nul compte, mais avec la conscience que la Municipalité ne pouvait, avant cette liquidation, entreprendre aucuns des travaux dont vous reconnaissiez l'utilité, et devait marquer un temps d'arrêt forcé.

Le budget supplémentaire de 1888 a nettement établi la situation et s'est soldé par un déficit de 65,038 fr. 14 auxquels s'ajoutaient 30 à 40,000 fr. de non valeurs comprises aux restes à recouvrer fort arriérés, soit un déficit de 100,000 fr. en chiffres ronds ainsi que l'avait indiqué l'examen du Compte Administratif de 1887.

Lors de l'établissement du budget primitif de 1889 et de son vote (délibérations des 18 et 19 janvier 1889), vous avez dû, pour arriver à l'équilibrer, réduire la plupart des crédits, et renoncer à y inscrire, en dehors des dépenses strictement obligatoires, un crédit quelconque pour travaux neufs, à raison de l'insuffisance des recettes et en particulier de l'octroi de mer.

Il était ainsi démontré qu'il ne fallait pas compter sur les ressources budgétaires ordinaires pour acquitter le déficit ci-dessus ; aussi avez-vous eu recours au seul moyen possible de rétablir l'équilibre des finances communales, en décidant de désaffecter un emprunt de 150,000 fr., projeté par la précédente Municipalité pour construction d'écoles et non encore contracté, et d'employer le montant de cet emprunt à acquitter le passif sus-signalé, sauf à affecter le surplus aux travaux les plus urgents.

Vous signaliez, d'autre part, à l'Administration supérieure la diminution constante de l'octroi de mer et la nécessité, ou de relever celui-ci, ou de procurer à la Commune d'autres ressources indispensables à l'équilibre de son budget.

Le 7 décembre 1889, le Conseil Municipal approuvait le Compte d'Administration de 1888, en constatant que, depuis l'avènement de la nouvelle Municipalité, les opérations étaient régulières, tandis que les mêmes critiques étaient à adresser pour la partie du Compte relatif à la gestion de l'ancienne Municipalité.

Le budget supplémentaire de 1889, arrêté dans votre séance du 7 décembre 1889, comprenait en recette extraordinaire le montant de l'emprunt de 150,000 fr. que vous aviez définitivement décidé et autorisé, le 30 octobre précédent, avec l'affectation indiquée lors du vote du budget primitif de 1889, et, par suite de cette inscription, le budget se soldait par un excédent de recettes de 99,022 fr. 56, et comportait extinction du passif relevé de la présente Municipalité. L'emprunt n'étant pas encore réalisé, vous avez cru devoir ajourner l'inscription à ce budget des travaux déjà décidés en principe par votre Commission spéciale, et vous n'y avez porté que quelques travaux d'une urgence absolue et des subventions indispensables.

Néanmoins, M. le Préfet a retranché de ce budget le montant du dit emprunt non encore approuvé, et a en conséquence réglé le dit budget *en déficit de 110,309 fr. 61 centimes* en critiquant les subventions accordées au Congrès-Concours et au Bureau de Bienfaisance et les gratifications aux employés, critiques que le Maire a réfutées dans une lettre du 31 décembre 1889, à M. le Préfet près duquel il a insisté pour l'approbation de l'emprunt.

Vous aviez donc prudemment réservé les travaux dont vous désiriez l'exécution, et la Commune continuait à se trouver arrêtée dans son expansion par la situation financière sus-établie.

Le budget primitif de 1890 a démontré, comme celui de 1889, que les ressources ordinaires de la Commune ne permettaient même pas de faire face aux dépenses obligatoires et qu'il ne fallait donc pas compter sur ces ressources, ni pour combler le déficit, ni pour exécuter les travaux projetés. Vous n'avez dès lors pu inscrire à ce budget aucune dépense pour travaux, et vous avez insisté à nouveau près de l'Administration supérieure (délibération du 7 Mars 1890) afin qu'il soit apporté remède à cette situation par un relèvement de l'octroi de mer et la diminution des charges grévant si lourdement les budgets communaux pour l'instruction publique et l'hospitalisation.

M. le Préfet du département n'est pas resté sourd à ces vœux réitérés, et, le 27 Mai 1890, communication vous était faite du remarquable rapport par lequel ce haut fonctionnaire prenait énergiquement en mains les grands intérêts de son département, en démontrant l'iniquité de la répartition faite alors de l'octroi de mer, et la nécessité du relèvement des tarifs de celui-ci. L'adoption des conclusions de ce rapport a eu pour conséquence, en droit, le décret du 23 décembre 1890, modificatif de la répartition de l'octroi de mer ; et, en fait, de *doubler* la quote part d'octroi de mer pour la Commune de Philippeville, ainsi qu'il sera ci-après spécifié.

Le 29 août 1890, vous approuviez le compte d'administration de l'exercice 1889, en constatant la parfaite régularité des écritures, et l'absence de tous virements ou dépassements.

Le budget supplémentaire de 1890 était ensuite approuvé par vous (Délib. du 17 novembre 1890) et arrêté par M. le Préfet avec un déficit de 57.599 fr. 32, l'emprunt de 150.000 fr. n'ayant pu être encore réalisé, mais une notable partie du déficit de 110.309 fr. 64 fixée par le budget supplémentaire de 1891 ayant pu être acquittée au moyen des bonis résultant des économies réalisées grâce aux mesures par vous prises.

Vous n'aviez évidemment pu porter à ce budget, encore en déficit, aucun article de dépenses pour travaux neufs.

Enfin, après une longue lettre explicative et justificative adressée par le Maire à M. le Préfet, le 19 décembre 1890, comme ensuite de conférences avec ce haut fonctionnaire, l'emprunt de 150.000 fr. a été réalisé et il a été possible d'en inscrire le montant au budget primitif de 1891 qui l'a employé en conformité de la lettre précitée du 19 décembre 1890, d'abord en réglement du déficit de 57.599 fr. 32 constaté au budget supplémentaire de 1889, et ensuite à l'exécution des travaux neufs, ajournés depuis 1888, pour une somme totale de 100.000 fr.

L'équilibre budgétaire était enfin rétabli et vous aviez la satisfaction de reprendre la marche en avant, et pourvoir aux dépenses des travaux par vous jugés indispensables depuis votre avènement à la Municipalité, d'aider, dans la mesure des ressources communales, au relèvement de la classe ouvrière si éprouvée par l'interruption des travaux du port et les événements calamiteux (phylloxera, mildiew, sauterelles, réalisations des crédits des Sociétés financières) qui ont apporté une perturbation si néfaste pour toute notre population de viticulteurs, d'ouvriers et de de commerçants !

Lors de l'examen du compte administratif de 1890, vous avez constaté (Délib. 15 septembre 1891) que 17.730 fr. 60 d'économies avaient été réalisées sur les crédits alloués durant cette année.

Le budget supplémentaire de 1891, débarrassé du déficit légué par la précédente Municipalité, s'est enfin soldé pour la première fois, par un excédant de recettes arrêté par M. le Préfet à 6.323 fr. 14, bien qu'il y soit inscrit pour 84.839 fr. 68 de dépenses supplémentaires pour travaux, subventions et autres causes.

Il n'y était, il est vrai, tenu compte ni des non valeurs, ni des excédants de frais d'hospitalisation, mais, par contre, il ne comprenait pas non plus l'excédant de l'octroi de mer qui, pour 1891, de 108.830 fr., prévus au budget primitif, s'est élevé à 217.285 fr. 71, soit au double, par suite de la nouvelle répartition ci-dessus signalée et résultant de l'application du décret du 23 décembre 1890. L'excédant budgétaire était donc certain et d'au moins 50.000 fr. Il est d'ailleurs vérifié par le compte administratif ci-après.

Au budget primitif de 1892, vous n'avez prévu, pour l'octroi de mer, qu'une somme de 170.000 fr. inférieure de plus de 50.000 fr., au montant de la quote part perçue en 1891, et cependant, il vous a été possible d'inscrire à ce budget pour 50.000 fr. de travaux neufs, tout en le soldant par un excédant de recettes de 7.701 fr. 47 approuvé par M. le Préfet.

Afin de déblayer le budget de chiffres de recettes fictifs, comme irréalisables, vous avez admis en non-valeur :

Le 14 février 1890........	13.347 fr. 74
Le 22 mars 1891..........	12.012 » 26
Et le 17 novembre 1891...	15.800 » 45
Total..........	41.160 fr. 45

dont la déduction assure encore l'équilibre budgétaire.

Je signalerai enfin la grande surveillance apportée dans les admissions aux hôpitaux de Philippeville, surveillance qui a eu pour conséquence une économie de 30.000 fr. sur le montant des frais d'hospitalisation dans ces deux hôpitaux, par comparaison entre les dépenses faites de 1884 à 1888 et celles de 1888 à 1892.

En résumé, la situation budgétaire que vous laissez est absolument normale et sincère. Elle n'obligera pas vos successeurs, comme vous l'avez été vous-mêmes, à se préoccuper de la liquidation d'un passif antérieur à leur entrée en fonctions.

II. — Travaux Communaux

Le square de la place de l'Eglise n'était que commencé, en mai 1888, et la Municipalité nouvelle a dû le faire achever, en modifiant le projet primitif reconnu peu pratique, décidant notamment que la grille serait placée extérieurement pour clore ce square, que les portes non prévues seraient ajoutées au projet, et arrêtant l'aménagement définitif. (Délib. 1er septembre et 1er décembre 1888, et 23 janvier et 9 avril 1889).

Bien que pénétré de la nécessité d'équilibrer le budget avant de voter des travaux neufs, le Conseil n'a pas pensé pouvoir ajourner des travaux de peu d'importance qui lui ont paru absolument urgents et il a décidé :

1° Le 26 octobre 1888, la reconstruction du pont du cimetière de St-Antoine (800 fr.) ;

2· Le 26 mars 1889, la construction d'un escalier place d'Isly (400 fr.) ;

3· Le 9 avril 1889, la protection du préau couvert du collège par l'établissement de persiennes à mi-hauteur (400 fr.) et la construction de deux aqueducs à St-Antoine ;

4· Le 25 mai 1889, l'ouverture partielle de la rue Scipion .

Ces travaux de si faible importance n'ont cependant pas été approuvés par l'autorité supérieure qui a rappelé la circulaire du 10 mai 1888 énoncée à l'exposé ci-dessus de la situation financière , et vous avez dû insister près d'elle, par délibération du 25 mai 1889, pour obtenir cette approbation.

Vous avez ensuite, avec la même mesure et en attendant la réalisation de l'emprunt de 150.000 fr. autorisé les travaux suivants :

1° Construction d'un ponceau sur le chemin des sources du Beni-Meleck (600 fr.) Délibération du 6 juin 1889 ;

2° Création d'une esplanade devant la gendarmerie (6.000 francs) le département devant contribuer pour égale part. Délibération 6 juin et 7 octobre 1889 ;

3· Réparation à la grande citerne qui accusait des pertes considérables d'eau (3.000 fr.) Délibération 7 octobre 1889, 14 février et 7 mars 1890 ;

4· Réparation à l'école de St-Antoine (1.400 fr.) Délibération du 6 juin 1889.

Vous avez en outre, décidé en principe, sauf vote ultérieur des crédits nécessaires après liquidation de l'arriéré, les travaux suivants :

1° Ouverture de la rue de l'Hôpital et raccordement de la rue des Jardins à la rue Marengo par les rues d'Orléans et des Colons, comme conséquence des travaux de la gendarmerie (Délibération du 22 juin 1889) ;

Ce projet a reçu sa consécration par votre délibération ci_après relatée du 11 mars 1892, qui a approuvé les plans et devis et voté un crédit de 10.150 fr;

2° Raccordement de la rue des Aurès et de celle des Citernes. (Délibération du 12 octobre 1889) ;

Ce projet a également reçu son exécution par votre délibération du 15 septembre 1891, répartissant le crédit inscrit au budget primitif de 1891, pour ouverture de rues;

3° Construction d'une école à Valée. Délibération du 4 octobre 1890;

4· Construction d'une école à St-Antoine. (Délibération du 4 octobre 1890);

5· Surélévation et restauration de l'Eglise de St-Antoine. (Délibération du 4 octobre 1890) :

6· Construction d'une école secondaire à Philippeville. (Délibération du 14 novembre 1890) ;

Ces quatre projets ont été définitivement votés et les crédits alloués aux budgets primitif et supplémentaire de 1891, et au budget primitif de 1892 ;

7· Établissement d'une horloge à l'Eglise. (Délibération du 14 novembre 1890);

Le modèle d'horloge et le crédit nécessaire de 3.000 fr. ont été votés, le 13 avril 1892.

Enfin l'emprunt de 150.000 fr. étant réalisé, l'équilibre budgétaire rétabli et un solde important disponible pour travaux neufs, la Municipalité a mis en œuvre les travaux ci-après :

1° Construction de 2 réservoirs de 975 mètres cubes de capacité chacun, destinés à emmagasiner les eaux à leur point d'arrivée à la place des Zouaves, pour mieux assurer l'alimentation de la ville en empêchant la déperdition en Eté des eaux venant des sources pendant la nuit, et permettre de clairifier les eaux troublées, en cas d'orages ou fortes pluies.

La construction de ces réservoirs a été décidée par votre délibération du 21 mars 1891, et les plants et devis en ont été approuvés, pour le premier, le 15 septembre 1891, avec vote d'un crédit de 29.084 fr. 48, et, pour le second, le 17 novembre 1891, avec vote d'un crédit de 25.000 fr.

Ces travaux sont adjugés et en cours d'exécution.

2· Agrandissement et aménagement de l'école laïque des garçons pour la construction de nouvelles classes. (Délibétion du 21 mars 1891 ;

La première partie de ces travaux a été approuvée, le 30 juillet 1891, avec vote d'un crédit de 14.761 fr. 40, et la seconde partie, le 17 novembre 1891, avec un crédit de 10.000 fr.

La première partie est actuellement terminée et assure deux nouvelles classes à l'école ; la seconde est en voie d'exécution ; elle donnera une 3ᵉ classe, et complétera la façade de l'école sur la rue du 3ᵉ Bataillon.

3· Ouverture des rues et constructions d'égoûts et de cannivaux. (Délibération du 21 mars 1891) ;

Le 15 septembre 1891, le crédit de 10.000 fr. a été remployé par l'approbation des projets suivants :

Ouverture de la rue des Poudrières......	2.549 fr. 75
— de la rue Clauzel...............	521 » 05
— de la rue Scipion...............	5.611 » 20
Egoût de la rue des Aurès...............	1.206 » 90

Tous ces travaux sont terminés ou près de l'être.

4· Construction d'une école secondaire. (Délibération du 21 mars 1891 ;

Ce projet approuvé par votre délibération du 14 novembre 1890, devra subir certaine modification sur la demande de l'Académie. Deux crédits de 10.000 francs chacun lui sont réservés aux budgets primitif de 1891 et 1892. Vous avez décidé l'exécution du projet total comportant une dépense de 60.000 fr. environ, par le moyen d'annuités de 10.000 francs dont deux se trouvent ainsi acquises.

5· Frais d'étude des Boulevards Maritimes et de la dérivation de l'égoût collecteur. (Délibération 21 mars 1891) ;

6· Construction des écoles de Valée et de St-Antoine ;

Le budget primitif de 1891 comprend un premier crédit de 12.500 fr. et vous avez complété ces crédits au budget primitif de 1892 par le vote de 10.000 fr. pour chacune des écoles.

Les travaux de l'école de Valée sont en cours d'exécution, et le projet de St-Antoine, arrêté par votre délibération du 11 mars 1892, est soumis à l'approbation préfectorale ;

7· Mise en état des principaux chemins vicinaux ;

Le crédit de 15.000 fr. porté au budget primitif de 1891 a été réparti par votre délibération du 16 janvier 1892 ;

8· Eclairage et alimentation en eau potable des hauts quartiers de la ville. Inscription au budget primitif de 1891 d'un crédit de 2.500 fr. ;

9· Construction des piliers de la porte d'entrée du cimetière de Damrémont. (Délibération 21 mars 1891) ;

10· Grosses réparations à l'Eglise et au presbytère de Philippeville. (Délibération 21 mars 1891) ;

11· Construction d'un escalier rue du 3e Bataillon d'Afrique. (Délibération du 17 novembre 1891) ;

12· Exhaussement de l'Eglise de St-Antoine ; vote d'un crédit de 2,800 fr. (Délibération du 17 novembre 1891, et 16 janvier 1892) ;

Ces travaux sont adjugés et en cours d'exécution.

13· Aménagement de la promenade militaire, et demande de concessions des terrains. Les travaux prescrits seront

exécutés incessamment et des bancs, votés le 21 mars 1892, ont été placés sur cette promenade et celle des allées de la Pépinière ;

14· Installation d'une horloge publique à Valée. (Délibération du 17 novembre 1891.) Cette horloge est actuellement installée ;

15· Mise en état des chemins des cimetières de Damrémont et St-Antoine. (Délibération du 17 novembre 1891) ;

16· Installation d'un réseau téléphonique à Philippeville, et frais d'installation des postes communaux. (Délibération du 17 novembre 1891) ;

La création de ce réseau a été approuvée par décision ministérielle du 21 mars 1892, et son installation sera faite à bref délai ;

17· Clôture du cimetière de Philippeville.(Délibération du 16 janvier 1892) ;

Le Conseil a approuvé, le 11 Mars 1892, la mise en adjudication des travaux de cette clôture à concurrence du crédit de 10,000 fr. porté au budget de 1892;

Le dossier est soumis à l'approbation préfectorale;

18· Ouverture d'une poterne mettant la rue du Sphinx, en communication avec le faubourg. (Délibération du 11 mars 1892) ;

L'Administration militaire est saisie ;

19· Raccordement de la rue des Jardins avec la rue Fornier et l'Hôpital civil, par l'exécution des travaux nécessaires pour rendre carrossable partie de la rue d'Orléans et la rue des Colons. Le projet dressé par le service des Ponts et Chaussées, a été approuvé par le Conseil Municipal, le 11 mars 1892, avec vote d'un crédit de 9,000 francs ;

Il est actuellement soumis à l'approbation de M. le Préfet.

20· Construction d'un escalier entre la rue des Colons et celle de l'Hôpital.

Projet approuvé par la délibération ci-dessus avec vote

d'un crédit de 1,150 fr. est également soumis à l'Administration supérieure.

21· Etablissement de rampes en fer à l'escalier de la rue de Gourgas et à celui de la rue Hippocrate, entre la rue d'Austerlitz et la rue Kléber. Délibération du 11 mars 1892 ;

22· Ouverture de la rue de la Manutention et prolongement de l'égoût. Crédit de 2,400 fr. Délibération du 13 Avril 1892 ;

23· Pose d'une horloge publique au clocher de l'Eglise de Philippeville. Approbation du traité à passer avec M. Gaumain horloger, et vote d'un crédit de 3.000 fr. (Délibération du 13 avril 1892 ;

24· Réfection de l'escalier de l'Eglise de Philippeville, et du Campanile. Crédit de 2.995 fr. (Délibération du 13 avril 1892 ;

25· Construction d'un escalier entre la rue Scipion et la place de la Synagogue. Crédit de 1.132 fr. 70. (Délibération du 13 avril 1892 ;

La Municipalité a ainsi décidé et mis en œuvre des travaux importants pour plus de deux cent vingt-cinq mille francs (25.000) depuis la liquidation de l'arriéré le lui a permis, et les crédits pour en assurer l'exécution sont régulièrement inscrits et ne pourront grever les exercices suivants.

III. — Participation aux travaux et aux questions d'intérêt général devant contribuer à la prospérité de Philippeville.

L'œuvre de la Municipalité à ce troisième point de vue comprend :

1· 27 Mai 1888. — Vote d'une subvention de 1.000 francs pour participer à la lutte entreprise dans le Sud du Département contre l'invasion des criquets ;

2· 29 Mai 1888. — Patronage d'une souscription en faveur

des victimes des sauterelles, et, 4 juillet 1888, organisation des fètes de charité, comprennant notamment *une Kermesse sur la place de la Marine*. Ces souscriptions et fètes ont produit une recette nette de 10.000 fr. dont 6.000 fr. ont été versés au Comité de Secours du département, et 4.000 fr. versés au Bureau de Bienfaisance de Philippeville pour allocation de secours en argent aux familles les plus nécessiteuses.

3· 3 Août 1888. — Réception de l'Escadre de la Méditerranée commandée par M. le vice-amiral Amet, et fètes en son honneur ;

4· 30 Août 1888. — Approbation du projet de M. l'Ingénieur en chef des Ponts et Chaussées pour les boulevards Maritimes de Philippeville ;

5· 1er Septembre 1888.— Mise à la disposition de l'autorité militaire des locaux scolaires pour le cantonnement de 300 réservistes ;

6· 30 Avril 1889. — Fètes pour le Centenaire de la Révolution de 1789 ;

7· 6 Juin 1889. — Envoi aux frais de la Commune d'un délégué à l'Exposition de 1889 pour les questions d'électricité ;

8· 22 Juin 1889. — Désignation d'un délégué viticulteur à la même Exposition ;

9· 20 Juillet 1889. — Frais de voyage à deux délégués des Sapeurs-Pompiers au Congrès de Paris ;

10· 18 Janvier 1890. — Approbation du projet des voies ferrées sur le Port. (Un décret récent vient de sanctionner ce projet) ;

11· 14 Février 1890. — Acceptation du procès-verbal de conférence avec le service des Ponts et Chaussées pour l'établissement des Boulevards Maritimes, avec vote d'un crédit d'étude de 2.000 fr., nomination d'une Commission spéciale, et demande de concessions des parties de terrains du domaine public maritime comprises au plan annexé au procès-verbal ci-dessus et des terrains gagnés par les comblements ;

Cette délibération très développée a compris comme programme des travaux municipaux à exécuter.

A. L'agrandissement de la place de la Marine.

B. La création d'une rampe accéd nt à la gare des voyageurs.

C. La création d'un boulevard maritime supérieur.

D. La dérivation des égoûts et du ravin du Beni-Melek de part et d'autre des jetées limitant le port à l'Ouest et à l'Est.

E. L'ouverture de la rue de Carthage.

Par délibération du 21 mars 1891, un second crédit de 3.000 francs a été voté pour les études ci-dessus dont M. l'Ingénieur en chef des Ponts et Chaussées a bien voulu se charger.

Communication a été faite au Conseil, le 13 avril 1892, d'un rapport de M. Ribaucour faisant connaître l'état actuel de ces études qui sont à peu près terminées.

12· 5 Avril 1890. — Protestation au sujet d'une délibération du Conseil Municipal de Jemmapes demandant que ce centre de production vinicole soit rattaché à Bône par une ligne ferrée ; demande du maintien de la ligne de Jemmapes à St-Charles, et prescription de toutes mesures afin de ne pas permettre que Jemmapes soit enlevée à Philippeville.

Le Maire a rendu compte, le 9 Mai 1890, de ses démarches près le Conseil général dans le sens ci-dessus, et a dû aux sessions suivantes de l'assemblée départementale s'employer à obtenir le rattachement de Jemmapes à Philippeville par une voie ferrée.

Il a même dû, de concert avec le Président de la Chambre de Commerce, se porter, à la session d'avril 1891, demandeur én concession de la ligne de Jemmapes à St-Charles. (Délibération du 21 mars 1891) ;

13· 9 et 23 Mai 1890. — Appui de la protestation des viticulteurs contre l'arrachage des vignes plus ou moins phylloxerées et de leur pétition afin d'adoption d'un nouveau régime et de la possibilité de la reconstitution des vignobles par les plants américains.

Le Maire a été désigné par le Conseil pour assister les délégués des viticulteurs dans leurs démarches à Constantine, Alger et Paris afin que satisfaction leur soit donnée.

Le 31 octobre 1890, le Conseil a appuyé toutes les démarches faites par un vœu en faveur de l'introduction des plants américains.

Après une lutte des plus ardentes avec principalement les représentants viticoles du département d'Alger, la légitimité des réclamations des viticulteurs de Philippeville a été enfin reconnue. M. le Gouverneur général a autorisé dernièrement l'importation des plants américains, et le Parlement est saisi de mesures législatives qui doivent assurer les intérêts de la région de Philippeville.

14· 9 mai 1890. — Avis favorable à la construction projetée d'un Hôpital des Postes et Télégraphes à la Place du Commerce, *mais à la condition qu'un bureau auxiliaire serait créé dans la partie sud de la rue Nationale.*

Il n'a pas encore été donné satisfaction à cette dernière demande, malgré les démarches pressantes de la Municipalité constatées notamment par ses délibérations des 21 Mars et 17 novembre 1891.

15· En novembre 1890. — Chaleureuse réception de la division navale cuirassée commandée par le contre-amiral O'Neill, à l'occasion de son amarrage dans la grande darse du port de Philippeville, et de la consécration en résultant de la sécurité et du parfait aménagement de ce port ;

Compte vous était rendu à votre séance du 20 octobre 1890, des conséquences heureuses pour Philippeville de cette réception, et de la reconnaissance officielle de son port.

Des photographies de celui-ci ont été faites durant l'amarrage de la division O'Neill, et ont été adressées à tous les hauts fonctionnaires s'étant intéressés ou pouvant s'intéresser à l'avenir du port.

A la suite de démarches pressantes, la Municipalité a obtenu le concours de la presse métropolitaine pour faire connaître et apprécier en France l'importance du port de Philippeville. Le *Petit Marseillais*, la *Petite Revue Maritime* et l'*Illustration*, notamment ont publié des articles très complets à cet égard, et le numéro de l'*Illustration* du 25 avril 1892, contient la reproduction de photographies du port et de diverses parties de la ville.

Les 20 décembre 1890 et 17 janvier 1891, vous offriez le concours de la Commune pour les améliorations demandées par la Marine militaire au port de Philippeville, et décidiez notamment de participer jusqu'à concurrence de 2,900 fr., à l'installation d'une conduite d'eau devant desservir les quais du commerce, et être prolongée sur la grande jetée pour les navires de guerre, et, concédant la délivrance de l'eau *gratuitement* : 1º pour les prises d'eau spéciales *à la Marine de l'Etat* ; 2º et par quatre bornes-fontaines à installer sur les terre-pleins, *aux travailleurs du port*. Vous consentiez enfin une réduction sur le prix de l'eau aux grandes Compagnies maritimes contribuant aux travaux d'adduction.

Un procès-verbal de conférence du 25 janvier 1891 a été établi, en exécution de ces délibérations, avec le service de la Marine et celui des Ponts et Chaussées, et il relate les améliorations à apporter au port de Philippeville, en vue de sa fréquentation par les navires de guerre, conformément aux prescriptions de deux lettres de M. le vice-amiral Duperré et de M. le Ministre de la Marine, des 26 novembre et 2 décembre 1890.

Le 9 Mai 1891, M. le vice-amiral Duperré, commandant en chef de l'escadre de la Méditerranée, entrait dans le port de Philippeville avec sa première division navale, et amarrait dans la grande darse les cuirassés les plus puissants de la flotte française.

L'accueil enthousiaste que la population et la Municipalité ont fait à cet officier général de si haute valeur et à ses officiers et marins, ont démontré quel grand prix vous attachiez à cette consécration solennelle de votre port, et vous ont assuré le concours bienveillant de notre Marine militaire.

Aujourd'hui le port de Philippeville est officiellement reconnu comme constituant un refuge des plus sûrs à nos navires de guerre, même les plus puissants. Un parc à charbon y est installé ; les installations pour l'amarrage des cuirassés sont à peu près terminées ; les travaux de la conduite d'eau sont fort avancés ; la construction d'une traverse nord à l'entrée de la grande darse est décidée ; des fonds sont alloués pour des travaux d'amélioration de l'avant port ; enfin les travaux de prolongement de la grande jetée et de remblaiement de la petite darse sont en pleine activité.

Un décret récent vient d'approuver le projet d'implantation des voies ferrées sur les quais.

16· En septembre 1890, participation au Congrès-Concours de la Mutualité, pour lequel une subvention de 4.000 fr. a été accordée par vous et inscrite au budget supplémentaire de 1889 ;

La réception la plus cordiale a été faite par la Municipalité aux délégués des Sociétés de Secours Mutuels d'Algérie et de la Métropole, qui se sont réunis à Philippeville pour ce Congrès.

Lu 24 janvier 1892, la Municipalité prêtait encore son concours à la Mutualité pour la création d'un grand Conseil des Sociétés de Secours Mutuels de Philippeville.

17· 25 Juillet 1891. — Réception de M. le Gouverneur général Cambon, auquel la Municipalité a exposé les diverses questions intéressant la Commune en ce qui concerne les ressources et charges budgétaires ; le port et la situation des viticulteurs.

Dans les questions d'intérêts ci-dessus exposées, la Municipalité a constamment trouvé le concours le plus absolu soit de la Chambre de Commerce de Philippeville, soit de M. l'Ingénieur en chef des Ponts et Chaussées, soit des divers services administratifs, et l'entente avec tous n'a cessé d'être complète et cordiale, ce qui a puissamment aidé aux solutions favorables de ces questions. Il est de notre devoir de le reconnaître et les en remercier, comme vous l'avez déjà fait notamment par vos délibérations des 7 décembre 1889, 14 février 1890 et 13 avril 1892.

IV. — Mesures diverses d'intérêt local

Sans les énumérer toutes, je vous rappellerai les suivantes :

1° *Invasion des sauterelles.* — Dès votre installation, vous avez eu à vous préoccuper de l'invasion possible des sauterelles, et vous avez pris toutes mesures préventives par votre délibération du 16 juin 1888 ;

Heureusement ces mesures n'ont pas eu à être mises en exécution en 1888, les vols de sauterelles n'étant pas venus jusqu'à Philippeville.

Il en a été de même en 1889. (Délibération du 25 mai 1889.

Ce n'est qu'en 1891 que la Commune a été envahie et vos délibérations des 24 mai, 3 juin, 22 juin et 30 juillet ont pourvu à tous les moyens de défense contre cette invasion et les éclosions de criquets, et accordé les crédits nécessaires qui se sont élevés à 10.000 fr.

La Municipalité a assumé toute la charge et la reponsabilité de la lutte.

Des arrêtés des 4 et 27 juin 1891 ont dû, le premier imposer les mesures de défense individuelle, et le second prévoir la nécessité d'un réquisionnement de la population.

Ce réquisionnement a pu être cependant évité et la Commune n'a été que peu éprouvée.

Vous laissez a vos successeurs un matériel assez complet pour organiser la lutte en cas d'invasion nouvelle.(Délibération du 13 avril 1892.)

2· *Entretien des chemins vicinaux.*— Par vos délibérations des 1er septembre 1888, et 19 janvier 1889, vous avez vivement protesté contre la perception faite au profit de la vicinalité de de la presqu'intégralité du produit des prestations, ce qui rendait impossible tous travaux d'entretien sur les chemins ordinaires ;

Satisfaction a été donnée à ces protestations par le Conseil général, qui a modifié les bases de cette perception.

3· A suite de recherches de la comptabilité, une somme de 6.092 fr. a été reversée par la Compagnie du gaz qui l'avait indûment perçue depuis plusieurs années.

4· Arrêté du 28 mai 1889 organisant dans les annexes de Philippeville des patrouilles de nuit pour assurer la sécurité, à suite de nombreux attentats commis à cette époque. (Délibération du 6 juin 1889 ;

5· *Litiges divers.* — La Municipalité a eu à soutenir divers procès qui lui ont été intentés, notamment : un, par la Société des Auteurs et compositeurs de musique ; et *trois*, par M. Feuille, dont deux comme imprimeur, et un comme propriétaire du local occupé par l'Ecole secondaire. Elle a obtenu gain de cause complet dans les trois premiers où la Société sus-dite et M. Feuille ont été déboutés de leurs demandes, avec dépens ; et tout ce qu'elle pouvait espérer dans le quatrième, étant données les fautes commises lors de la prise de possession du local sus-dit. (Délibérations des 1er décembre 1888, 26 mars et 20 juillet 1889. 9 mars et 29 août 1890 ;

6· Exonération des taxes municipales pour les père et mères français de 7 enfants vivants.(Délibération du 14 février 1890 ;

7· Remise par M. Ranoux à la Commune, à titre gratuit, des rues de la cité Castel-Dugenel par lui acquises. Remerciements à M. Ranoux et décision que le nom de celui-ci serait donné à l'une de ces rues. (Délibérations des 14 février 1890 et 16 janvier 1892.) M. le Préfet vient d'approuver ce vote ;

8· Réglement et nouveau tarif de l'Abattoir communal. (Délibération du 9 mars 1890, et arrêté du même jour) ;

9· Refonte de divers réglements sur le marché aux légumes. (Délibération du 9 mars 1890, et arrêté du 17 avril suivant) ;

10· Arrêté du 10 mars 1890 déterminant les mesures à prendre en cas d'incendie pour les secours immédiats ; divisant, à cet effet, la ville en quatre sections plus le faubourg et la banlieue, déterminant des sonneries spéciales à chaque section, etc.;

11· Réglement et nouveau tarif sur les stationnements. (Délibération du 9 mai 1890, et arrêté du même jour ;

12· Subvention de 500 fr. à la *Société Philharmonique* pour se rendre au Concours de Bône ;

13· Votes favorables à la création d'un Conseil de Prud-hommes. (Délibération du 23 mai 1890, et 21 mars 1891 ;

14. *Collége communal. — Réorganisation. — Nouvel engagement.* — Cet établissement d'instruction, qui grève le budget communal de 50,000 fr. environ par an, présentait, non dans son personnel éclairé et dévoué, mais dans son organisation même, bien des défectuosités signalées depuis longtemps et en particulier une insuffisance forcée d'instruction dans les classes contenant le plus grand nombre d'élèves par la réunion de deux de ces classes sous un même professeur, qui devait diviser son temps entre des élèves soumis à des programmes d'études différents. D'autre part, l'enseignement secondaire

spécial, la plus utile dans une ville de commerçants, d'industriels et de travailleurs comme la nôtre, cet enseignement n'avait pas une extension suffisante. Après un long et minutieux travail de votre Commission de l'instruction et une entrevue de celle-ci avec M. le Recteur de l'Académie, vous avez, dans votre séance du 20 décembre 1890, approuvé *à l'unanimité* une nouvelle organisation du collége de nature à donner entière satisfaction aux parents soucieux de l'instruction sérieuse et pratique de leurs enfants.

Cette réorganisation comprend notamment :

1· Suppression de toutes classes géminées ;

2· Organisation de l'enseignement secondaire spécial jusqu'à la 6e année exclusivement.

3· Création d'une chaire de dessin graphique et d'imitation. ;

4· Création de cours d'enseignement commercial.

La situation et les avantages accordés aux professeurs, en exercice, ont été maintenus.

Le prix de la rétribution scolaire a dû être élevé afin d'appeler l'attention des parents sur les conséquences onéreuses pour eux de l'enseignement secondaire ; mais en favorisant l'enseignement spécial, plus à la portée des classes laborieuses.

D'ailleurs, vous vous êtes réservé d'accorder des exonérations et des modérations aux enfants reconnus aptes à suivre les classes du collège et dont les parents ne seraient pas en situation de faire face au paiement de la rétribution en tout ou partie, et vous avez largement usé de cette réserve, toutes les fois que vous avez été saisis de demande de cette nature ;

15· *Ecole secondaire de jeunes filles.* — La Municipalité a constamment insisté près de l'Académie pour obtenir le maintien des cours secondaires de jeunes filles (délibération du 20 juillet 1891) sans vouloir cependant les transformer en collége, ce qui eut entraîné une dépense budgétaire hors de proportion avec le nombre des jeunes filles fréquentant ces cours ;

Dans votre séance du 30 août 1890, vous avez décidé l'extension de cette école par la création d'un cours de 4e année, l'amélioration du matériel enseignant, et l'installation de l'école dans un local approprié spécialement pour elle, mais à la condition que l'Académie s'engagerait à maintenir les cours sus-dits.

Le cours de 4e année fonctionne depuis l'année 1891 ; le matériel a été amélioré et j'ai constaté ci-dessus que 20,000 francs sont réservés aux budgets de 1891 et 1892 pour la construction du local où sera installée l'école secondaire.

D'autre part, vous avez très largement accordé des remises de rétribution à cette école à nombre de familles.

Par votre délibération du 16 janvier 1892, vous avez encore prouvé votre intérêt pour cette école, en votant les fonds pour la création d'un cours de langue arabe ;

16· *Avances aux viticulteurs victimes du mildiew.* — A la suite de démarches pressantes de la Municipalité près du Conseil général de Constantine, à raison de l'impossibilité où nombre de viticulteurs allaient se trouver de donner à leurs vignes les soins culturaux utiles, par suite du manque absolu de récolte en 1890 résultant de l'invasion du mildiew, cette assemblée a bien voulu prendre l'initiative d'un emprunt à contracter en leur faveur avec la garantie des communes.

Vos délibérations des 14, 17 et 22 novembre et 20 décembre 1890, et 17 janvier et 7 février 1891, prouvent avec quel intérêt vous vous êtes occupés de cette question vitale pour notre commune.

La Municipalité a garanti une avance de 196,250 fr., aux viticulteurs de la commune, et elle n'a eu qu'à se louer de son intervention, qui n'a nullement compromis les finances communales, puisque la sus-dite avance devant être remboursée en deux années, il a été payé pour la première année, en novembre 1891, plus de la moitié de la dite avance. Délibération des 17 et 20 novembre 1891).

17· *Demande de concessions de terrains nécessaires pour le passage et l'entretien de la conduite d'eau du Fil-Fila.*

18· *Encadrement des photographies* de Madame de Lambert et de M. de Gourgas, son frère, donateurs et bienfaiteurs de la Commune. Ces photographies ont été placées dans la grande salle de la Mairie ;

Il en a été de même du portrait de M. Carnot, président de la République, et du discours par lui prononcé au banquet des Maires, ainsi que des photographies rappelant l'amarrage, dans le port, des divisions navales de M. le contre-amiral O'Neill et de M. le vice-amiral Duperré ;

19· *Création d'un emploi de vérificateur des denrées alimentaires ;*

20· *Création d'un service de cantonniers communaux,* assurant le service, l'entretien des rues de petite voirie réparties en plusieurs sections. Il a été procédé de même pour des chemins vicinaux, ;

21· *Fanfare des Sapeurs-Pompiers.* — Par délibération du 21 mars 1891, vous avez accordé une subvention de 600 fr. par an pour l'organisation de cette fanfare, et son chef a été pourvu d'un emploi de professeur de musique de la Commune ;

Les succès qu'elle vient de remporter au Concours musical d'Alger légitiment hautement ces encouragements, et la création de cette musique a permis d'assurer, avec la *Société Philharmonique,* des concerts hebdomadaires publics.

22· *Création de deux gardes-champêtres à cheval à Valée,* afin de mieux assurer la sécurité de cette annexe ;

23· *Recensement de la population en 1891.*— Les craintes que l'on paraissait avoir d'une diminution de la population, ne se sont pas vérifiées, et le chiffre de la population a été reconu sensiblement plus élevé qu'au dernier recensement de 1886 ;

24· *Catalogue du Musée et du théâtre romain.* — Par vos délibérations des 21 marset 30 juillet 1891, vous avez décidé l'impression aux frais de la Commune des deux catalogues de ces richesses archéologiques, travail remarquable dû à notre conservateur du Musée, M. Bertrand ;

25· *Achat* pour la grande salle de la Mairie et les réceptions de 100 chaises dont 50 cannées en bois tourné et 50 ordinaires, ainsi que de rideaux et tentures. (Délibération du 15 septembre 1891 ;

26· *Réseau téléphonique.* — Après maintes démarches pour obtenir des renseignements pour la création d'un réseau téléphonique, et une délibération du 17 novembre 1891, décidant de relier les trois villages annexes à Philippeville par des lignes téléphoniques, vous avez, par délibération du 16 janvier 1892, approuvé le contrat passé avec l'Administration des Postes et Télégraphes pour l'installation à Philippeville d'un réseau téléphonique devant desservir toute la Commune ; vous avez voté les fonds nécessaires et décidé la création de cinq postes communaux publics au bureau de police de Philippeville au poste de police du faubourg, et aux villages de Valée, Saint-Antoine et Damrémont ;

M. le Ministre du commerce a, le 21 mars suivant, ratifié ce contrat, et l'administration des Postes et Télégraphes prend actuellement ses mesures pour l'installation du réseau définitivement arrêté ;

Comme complément de ce réseau et afin de relier téléphoniquement Philippeville à Constantine, vous avez, le 13 avril 1892, garanti à la Chambre de Commerce de Philippeville les intérêts de la somme de 18.000 fr. dont vous l'avez prié de faire l'avance à l'Etat pour cette ligne interurbaine qui ne saurait tarder à être installée;

27· *Musique Philharmonique,* voté, le 17 novembre 1891,

d'une subvention complémentaire de 500 fr. à cette musique si appréciée des habitants et qui vient de remporter de nouveaux succès au concours d'Alger;

28· *Création d'une crèche et d'un fourneau économique.* — Vous avez approuvé, par délibération du 16 janvier 1892, les statuts d'une Société, qui s'est formée, sur l'initiative de la municipalité, pour ces deux institutions philantropiques, comme conséquence du legs de Madame de Lambert ;

Les locaux où ces crèche et fourneau doivent être installés, sont aménagés et toutes mesures arrêtées. L'ouverture aura lieu probablement à la fin du mois d'avril ;

29· *Ecole laïque d s garçons et Ecole laïque des Filles.* — Création d'une nouvelle classe à chacune de ces écoles. (Délibération du 16 janvier 1892) ;

30· *Cimetière arabe.* — Exclusion de ce cimetière devenu insuffisant. (Délibération du 11 Mars 1892) ;

31· *Création d'une chapelle catholique au Faubourg.* — Avis favorable à la pétition faite pour cette création par les habitants du Faubourg. (Délibération du 11 mars 1892.

V. — Vœux

Les vœux les plus importants formulés par vous, sont :

1· 4 Juillet 1888 et 25 Mai 1890. — Vœux pour la création d'une brigade de sûreté à Philippeville, et l'organisation d'une force supplétive ;

Satisfaction vient d'être donnée à ces vœux par la création d'une brigade volante à Jemmapes et d'un service de sûreté à Philippeville.

2· 3 Avril 1888 et 18 Janvier 1890. — Vœux appuyant les démarches de la Chambre de Commerce pour l'adoption sur les voies ferrées du P.-L.-M. et de l'Est-Algérien de tarifs différentiels aux distances cumulées, et protestation contre les tarifs de détournement présentés par l'Est-Algérien ;

3· 3 Août 1888, 14 Novembre, 20 décembre 1890 et 17

Janvier 1891. — Vœux réitérés pour obtenir l'augmentation de la garnison de Philippeville et s'opposant à sa réduction croissante ;

Il a été donné satisfaction dans la mesure du possible à ces vœux et aux démarches qui en ont été la conséquence ; l'effectif de la garnison comprend aujourd'hui 600 rationnaires;

4· 19 Octobre 1888, 30 juillet 1891 et 11 mars 1892. — Vœux tendant à obtenir deux courriers directs par semaine de Philippeville sur Marseille avec une vitesse de 15 nœuds, et à la réduction du prix des passages ;

5· 1er Décembre 1888. — Vœux appuyant la demande de la Commission administrative de l'Hopital civil de Philippeville pour le maintien à cet hôpital des vieillards et incurables femmes ;

6· 23 Janvier et 26 Mars 1889. — Vœux pour obtenir le transfèrement de l'Ecole d'Arts-et-Métiers de Dellys à Philippeville, et nomination d'une Commission pour étudier les voies et moyens de ce transfèrement.

Il n'a pas été donné suite à ce vœu, M. le sénateur Lesueur ayant fait connaitre que le maintien de l'Ecole de Dellys était décidé ;

7· 7 Décembre 1889 et 14 février 1890. — Vœux tendant à obtenir que les militaires de passage soient autorisés à circuler en ville.

Satisfaction a été donnée à ce vœu dans la mesure du possible.

8· 23 Mai 1890. — Vœu en faveur du maintien de la franchise du vinage ;

9· 30 Août 1890. — Vœu tendant à ce que des délais de paiement soient accordés par les sociétés de crédit aux viticulteurs victimes du mildew.

Le Conseil général de Constantine s'est associé à ce vœu à sa session d'octobre 1890.

10· 14 Novembre 1890. — Vœu conforme à celui du

Conseil général pour obtenir que le tracé du chemin de fer transsaharien parte de Biskra pour aller au Soudan central.

11· Même date. — Vœu appuyant la demande de la Municipalité de Stora pour obtenir que les longs et dévoués services de M. Massoni, médecin communal, soient récompensés par sa nomination à la Légion d'honneur ;

12· 16 janvier 1892. — Vœu et protestation contre tout abaissement du tarif maximum des douanes en faveur des vins espagnols.

13· Même date. — Avis favorable à la transformation de l'Hôpital militaire en Hôpital mixte, avec cession des locaux qu'il occupe et de son matériel ;

14· 11 mars 1892. — Protestation contre l'élévation de la taxe foncière de 1.39 à 4,70 pour cent du revenu net, et vœu tendant à la révision de la loi du 20 juillet 1891, imposant cette augmentation.

En résumé, Messieurs et chers collègues, vous avez rétabli l'équilibre des finances communales, au prix d'une impopularité imméritée ; vous avez, dès que cette tâche ingrate a été accomplie, adopté un programme de travaux s'élevant à 225,000 fr. environ et dont vos prévisions budgétaires ont assuré le paiement ; et vous n'avez rien négligé pour faire concourir la Municipalité à toutes les questions et les mesures de nature à aider à la prospérité de notre ville, en faisant à nos hôtes distingués des réceptions pouvant nous concilier leur bienveillance.

L'exposé qui précède de nos travaux démontrera, je l'espère, à nos mandants que nous nous sommes efforcés de nous rendre dignes de leur confiance.

Philippeville, le 22 Avril 1892.

Le Maire,

F. VELLARD.

CHERS CONCITOYENS,

En réponse aux critiques très vaguement formulées par les partisans de la Municipalité qui nous a précédés aux affaires, nous croyons devoir adresser à chacun de vous, sans commentaires, le lumineux exposé fait au Conseil Municipal sortant, par M. le Maire, comme préface de son Compte Administratif. Cet exposé résume la gestion des quatre dernières années. Tout électeur sans parti pris pourra apprécier en parfaite connaissance de cause les actes de la Municipalité dont les pouvoirs vont expirer et c'est avec la plus entière confiance que nous attendons, sur notre admin'stration, le verdict du corps électoral.

Par vos votes, vous direz si nous avons bien ou mal liquidé la situation difficile qui nous était léguée.

En tout cas, nous aurons la légitime satisfaction d'avoir déblayé le terrain et laissé à nos successeurs une situation absolument nette et parfaitement en équilibre.

Les Conseillers sortants.